ABÉCÉDAIRE

CONTENANT LES

DEVOIRS DES PETITS ENFANTS

Qui fréquentent les Écoles.

CHATILLON-SUR-SEINE,

C. CORNILLAC, IMPRIMEUR-LIBRAIRE.

1839.

a	b	c
d	e	f
g	h	ij
k	l	m

n	o	p
q	r	s
t	u	v
x	y	z.

5

A B C D
E F G H
I J K L M
N O P Q
R S T U
V X Y Z.

6

✠ A B C D
E F G H I
J K L M N
O P Q R S
T U V X Y
Z.

✠ a b c d e
f g h i j k
l m n o p q
r s t u v x
y z.

7

Vo-yel-les.

a, e, i, o, u, y.

Con-son-nes.

b, c, d, f, g, h, j,
k, l, m, n, p, q, r,
s, t, v, x, z.

Diph-ton-gues.

æ, œ, ai, au, ei,
eu, ay.

Let-tres dou-bles.

fi, ffi, ff, fl, ffl, w.

Let-tres ac-cen-tuées.

â ê î ô û. à è ì ò ù. é.

Chif-fres.

1 2 3 4 5 6 7 8 9 0.

SYL-LA-BES.

a	e	i	o	u
ba	be	bi	bo	bu
ca	ce	ci	co	cu
da	de	di	do	du
fa	fe	fi	fo	fu
ga	ge	gi	go	gu
ha	he	hi	ho	hu
ja	je	ji	jo	ju
ka	ke	ki	ko	ku
la	le	li	lo	lu
ma	me	mi	mo	mu
na	ne	ni	no	nu
pa	pe	pi	po	pu
qua	que	qui	quo	quu
ra	re	ri	ro	ru
sa	se	si	so	su

ta	te	ti	to	tu
va	ve	vi	vo	vu
xa	xe	xi	xo	xu
za	ze	zi	zo	zu

Ponc-tua-tion.

Point	(.)
Vir-gu-le	(,)
Point et vir-gu-le	(;)
Deux points	(:)
Point d'in-ter-ro-ga-tion	(?)
Point d'ad-mi-ra-tion	(!)
A-pos-tro-phe	(')
Trait d'u-nion	(-)
Guil-le-met	(«)
As-té-ris-que	(*)
Pa-ren-thè-ses	( )
Cro-chets	[ ]

Mots fa-ci-les à é-pe-ler.

Pa-pa	Chien	Cli-mat.
Ma-man	Rat	Dra-gon.
Bon-bon	Bal-lon	Flam-me.
Con-gé	Bou-le	Gre-lot.
Cou-sin	Pain	Trom-per.
A-mi	Cou-teau	Mai-son.
Pom-me	Bre-bis	Oi-seau.
Poi-re	Ce-ri-se	Rai-sin.
Vi-si-te	Lec-tu-re	Si-len-ce.

Mots ac-cen-tués à é-pe-ler.

Gâ-teau	Mê-me	Vô-tre.
Pâ-té	Paî-tre	Poè-me.
Pè-re	A-pô-tre	Mo-ï-se.
Pâ-tre	Gî-te	Sa-ül.
Bon-té	A-mi-tié	Va-ni-té.
Pi-tié	Maî-tre	Pro-cès.

11

Phra-ses à é-pe-ler.

J'ai-me mon pa-pa. Je se-rai bien sa-ge, et l'on m'ai-me-ra bien. J'i-rai me pro-me-ner tan-tôt, si le temps est beau.

Quand j'au-rai bien lu ma le-çon, on me don-ne-ra du bon-bon et des dra-gées que je man-ge-rai.

Les cou-teaux cou-pent; les é-pin-gles pi-quent; les chats é-gra-ti-gnent; le feu brû-le.

Voi-ci un che-val, il a qua-tre jam-bes; les oi-seaux n'ont que deux jam-bes; mais ils ont deux aî-les, ils vo-lent.

Les pois-sons ne vo-lent pas, ils na-gent dans l'eau; les pois-sons ne pour-raient pas vi-vre dans l'air.

Le-vez la tê-te, vous ver-rez lui-re le so-leil.

C'est Dieu qui a fait le so-leil: Dieu a fait tout ce que nous vo-yons; il est le maî-tre de tout; il sait tout.

Pour plai-re à Dieu, un en-fant doit o-bé-ir à ses pa-rents, et s'ap-pli-quer à bien li-re.

Il faut que cha-cun tra-vail-le: ce-lui qui ne tra-vail-le pas ne mé-ri-te pas de man-ger.

1. Retournez de l'École à la maison sans vous arrêter par les rues, modestement, c'est-à-dire, sans crier ni offenser personne. Au contraire, si l'on vous injurie et offense, endurez-le pour l'amour de Notre-Seigneur, et dites en vous-même : *Dieu vous donne la grâce de vous repentir de votre faute, et vous pardonne comme je vous pardonne.*

2. Gardez-vous bien de jurer, de blasphémer, ni de dire des paroles sales et vilaines, ni de faire aucune action déshonnête.

3. Quand vous passez devant quelque Croix ou quelque Image de Notre-Seigneur, de Notre-Dame, ou des Saints, faites une inclination, levant le chapeau, ou autrement.

4. Quand vous rencontrerez quelque personne de votre connaissance, saluez-la le premier, parce que c'est une action d'honnêteté.

5. Saluez les personnes que vous rencontrerez, selon la cou-

tume du lieu, et selon l'instruction qu'on vous aura donnée.

6. Quand vous entrerez chez vous ou en quelque autre maison, faites une inclination, saluant ceux que vous y trouverez.

7. Quand vous commencerez quelque ouvrage, ou quelque bonne action, faites dévotement le signe de la sainte Croix, avec intention de faire, au nom de Dieu et pour sa gloire, ce que vous allez faire.

8. Quand vous parlez avec des personnes respectables, répondez honnêtement, avec politesse : *Oui, Monsieur,* ou *Ma-*

dame. Non, Monsieur, etc., selon qu'on vous interrogera.

9. Si ceux qui ont pouvoir sur vous vous commandent quelque chose qui soit honnête, et que vous puissiez faire, obéissez-leur volontiers et promptement.

10. Si l'on vous commandait de dire quelques paroles, ou de faire quelque action mauvaise, répondez que vous ne le pouvez point faire, d'autant que cela déplaît à Dieu.

11. Quand vous voudrez dîner ou souper, lavez-vous premièrement les mains, puis dites le *Benedicite* avec piété et modestie.

12. Lorsque vous voudrez boire, prononcez tout bas le saint nom de Jésus.

13. Toutes les fois que vous nommerez ou entendrez nommer Jésus ou Marie, vous ferez une petite inclination.

14. Gardez-vous bien, à table ou ailleurs, de demander ou de prendre et de soustraire en cachette, ou autrement, ce qu'on aura donné à manger aux autres, et même vous ne le devez pas regarder avec envie.

15. Quand on vous donnera quelque chose, remerciez honnêtement celui ou celle qui vous l'aura donné.

16. Ne vous asseyez point à table si l'on ne vous le commande.

17. Mangez et buvez doucement et honnêtement, sans avidité et sans excès.

18. A la fin de chaque repas, dites dévotement les grâces, et après, lavez-vous encore les mains.

19. Ne sortez point de la maison sans demander et sans obtenir congé.

20. N'allez point avec les Enfants vicieux et méchants; car ils peuvent vous nuire pour le corps et pour l'âme.

21. Quand vous avez emprunté quelque chose, rendez-le de bonne heure et n'attendez pas qu'on vous le demande.

22. Lorsque vous aurez à parler à quelque personne respectable qui sera occupée, présentez-vous modestement, attendant qu'elle ait le loisir de vous parler, et qu'elle vous demande ce que vous lui voulez.

23. Si quelqu'un vous reprend, ou vous donne quelque avertissement, remerciez-le.

24. Ne tutoyez personne, non pas même les serviteurs et servantes, ni les pauvres aussi.

25. Allez au-devant de ceux qui entrent chez vous, soit domestiques, soit étrangers, pour les saluer et les recevoir.

26. Si quelqu'un de ceux de la maison, ou autre, dit ou fait quelque chose de déshonnête, ou indigne d'un Chrétien, en votre présence, reprenez-le avec douceur.

27. Quand les pauvres demandent à votre porte, priez votre Père ou votre Mère, ou ceux chez qui vous demeurez, de leur faire l'aumône pour l'amour de Dieu.

28. Le soir avant que de vous

aller coucher, après avoir souhaité le bonsoir à vos Père et Mère ou autres, mettez-vous à genoux auprès de votre lit, ou devant quelque Image, et dites les prières marquées dans les devoirs des familles chrétiennes. Après, prenez de l'eau bénite, et faites le signe de la sainte Croix.

29. Le matin, en vous levant, faites le signe de la sainte Croix, et, étant habillé, mettez-vous à genoux, et dites les prières marquées en la page 32. Après, allez souhaiter le bonjour à vos Père et Mère, et autres de la maison.

30. Tous les jours, si vous le pouvez, entendez la sainte Messe dévotement et à genoux; et levez-vous quand le Prêtre dit l'Évangile.

31. Quand vous entendrez sonner l'*Angelus*, récitez dévotement l'*Ave Maria*.

32. Soyez toujours prêt à aller volontiers à l'École et apprenez soigneusement les choses que vos Maîtres vous enseignent : soyez-leur bien obéissant et respectueux.

33. Gardez-vous bien de mentir en quelque manière que ce soit, car les menteurs sont les

Enfants du démon qui est le Père du mensonge.

34. Surtout, gardez-vous de dérober aucune chose ni chez vous, ni ailleurs ; parce que c'est offenser Dieu, c'est se rendre odieux à chacun, et prendre le chemin d'une mort infâme.

35. Présentez-vous volontiers et souvent à la Confession et à la Communion, y étant bien préparé, afin que vous deveniez à toute heure plus dévot et plus sage, fuyant le péché et acquérant les vertus.

36. Enfin, tous vos principaux soins et désirs, tandis que vous

vivez en ce monde, doivent viser à vous rendre agréable à Dieu, et à ne le point offenser, afin qu'après cette vie mortelle vous puissiez éviter l'Enfer, et posséder la gloire du Paradis. Ainsi soit-il.

DIEU donne ses saintes Bénédictions aux Enfants qui sont soumis et respectueux envers leurs Père et Mère.

Honore ton Père et ta Mère afin que tu vives long-temps sur la terre.

Cette première bénédiction donne l'espérance d'une longue et heureuse vie.

Celui qui honore son Père et sa Mère sera joyeux et content en ses Enfants; il sera exaucé au temps de son oraison.

Cette bénédiction promet l'allégresse et le contentement que l'on reçoit des Enfants, dont nous avons l'exemple en Joseph, fils de Jacob, qui, pour avoir été obéissant à son Père, et pour l'honneur qu'il lui avait rendu, reçut des joies et des contentements très-grands de ses propres Enfants, lesquels furent aussi bénis de Jacob, leur grand-père, en la présence de Joseph, leur Père,

Celui qui honore son Père et sa Mère s'amasse un trésor au Ciel et sur la terre.

Cette bénédiction regarde les biens spirituels et temporels que Dieu donne aux bons Enfants, dont Salomon nous servira d'exemple, lequel porta toujours beaucoup d'honneur à son Père et à sa Mère : c'est pourquoi il vécut très-heureux et très-riche, sur un trône florissant ; comme Absalon, son frère, pour avoir désobéi à son Père et l'avoir maltraité, fut percé de trois dards, et tué par Joab, général de l'armée de David.

Celui qui honore son Père et sa Mère sera rempli des grâces célestes jusqu'à la fin.

Cette bénédiction concerne les biens spirituels, de laquelle nous avons un merveilleux exemple en Jacob, fils d'Isaac, qui, ayant été béni de son Père, fut élu de Dieu et très-agréable à sa divine majesté, et rempli de toutes sortes de grâces. Au contraire, son frère Esaü fut malheureux et réprouvé.

Honore ton Père et ta Mère, afin que la bénédiction du Ciel descende sur toi, et que tu sois béni.

Dieu donne particulièrement cette bénédiction aux Enfants obéissants.

Mais qu'est-ce autre chose, être béni de Dieu, sinon recevoir de lui sa sainte grâce, par le moyen de laquelle nous lui agréons comme ses Enfants.

Les malédictions que Dieu fulmine sur les Enfants qui ne portent ni honneur, ni obéissance à leurs Père et Mère.

Que celui qui maudira son Père ou sa Mère meure de mauvaise mort, et que son sang soit sur lui.

Cette malédiction est confirmée par la bouche de Dieu. Auquel lieu, Dieu commande que, si quelque Père est si malheureux d'engendrer un fils désobéissant, rebelle et pervers, tout le peuple de la ville massacre à coups de pierres ce méchant Enfant et le fasse mourir.

A ces paroles : *Maudit soi celui qui n'honore pas son Pèr et sa Mère!* le Peuple répondit : *Amen.*

Au nom du Père, et du Fils et du Saint-Esprit. Ainsi soit-il.

L'ORAISON DOMINICALE.

Notre Père, qui êtes aux Cieux, que votre nom soit sanctifié; que votre règne arrive; que votre volonté soit faite en la Terre comme au Ciel; donnez-nous aujourd'hui notre pain de chaque jour; pardonnez-nous nos offenses comme nous les pardonnons à ceux qui nous ont offensés; et ne nous laissez point succomber à la tentation ; mais délivrez-nous du mal. Ainsi soit-il.

LA SALUTATION ANGÉLIQUE.

Je vous salue, Marie, pleine de grâce, le Seigneur est avec vous, vous êtes bénie entre toutes les femmes, et Jésus, le fruit de vos entrailles, est béni.

Sainte Marie, mère de Dieu, priez pour nous, pauvres pécheurs, maintenant et à l'heure de notre mort. Ainsi soit-il.

LA PROFESSION DE FOI.

Je crois en Dieu, le Père tout-puissant, Créateur du Ciel et de la Terre, et en Jésus-Christ son Fils unique, notre Seigneur; qui a été conçu du Saint-Esprit, est né de la vierge Marie, a souffert sous Ponce-Pilate, a été crucifié, est mort, a été enseveli, est descendu aux enfers ; le troisième jour est ressuscité des morts ; est monté aux Cieux ; est assis à la droite de Dieu, le Père tout-puissant, d'où il viendra juger les vivants et les morts.

Je crois au Saint-Esprit, la sainte Église catholique, la communion des Saints, la rémission des péchés, la résurrection de la chair, la vie éternelle. Ainsi soit-il.

LA CONFESSION DES PÉCHÉS.

Je me confesse à Dieu tout-puissant, à la bienheureuse Marie toujours vierge, à saint Michel archange, à saint Jean-Baptiste, aux apôtres saint Pierre et saint Paul, à tous les Saints, et à vous, mon Père, que j'ai beaucoup péché, par pensées, par paroles, par actions et omissions, c'est ma faute, c'est ma faute, c'est ma très-grande faute. C'est pourquoi je supplie la bienheureuse Marie toujours vierge, saint Michel archange, saint Jean-Baptiste, les apôtres saint Pierre et saint Paul, tous les Saints, et vous mon Père, de prier pour moi le Seigneur notre Dieu.

Que le Dieu tout-puissant nous fasse miséricorde, et que nous ayant pardonné nos péchés, il nous conduise à la vie éternelle. Ainsi soit-il.

N° 2.

www.ingramcontent.com/pod-product-compliance
Lightning Source LLC
Chambersburg PA
CBHW061016050426
42453CB00009B/1464